AF175802

Impressum
Verlag: BABADADA GmbH, Nedderfeld 112 , 22529 Hamburg
Geschäftsführer / Verlagsleitung: Harald Hof
Druck: Books on Demand GmbH, In de Tarpen 42, 22848 Norderstedt

Imprint
Publisher: BABADADA GmbH, Nedderfeld 112 , 22529 Hamburg, Germany
Managing Director / Publishing direction: Harald Hof
Print: Books on Demand GmbH, In de Tarpen 42, 22848 Norderstedt, Germany

学校

xue xiao

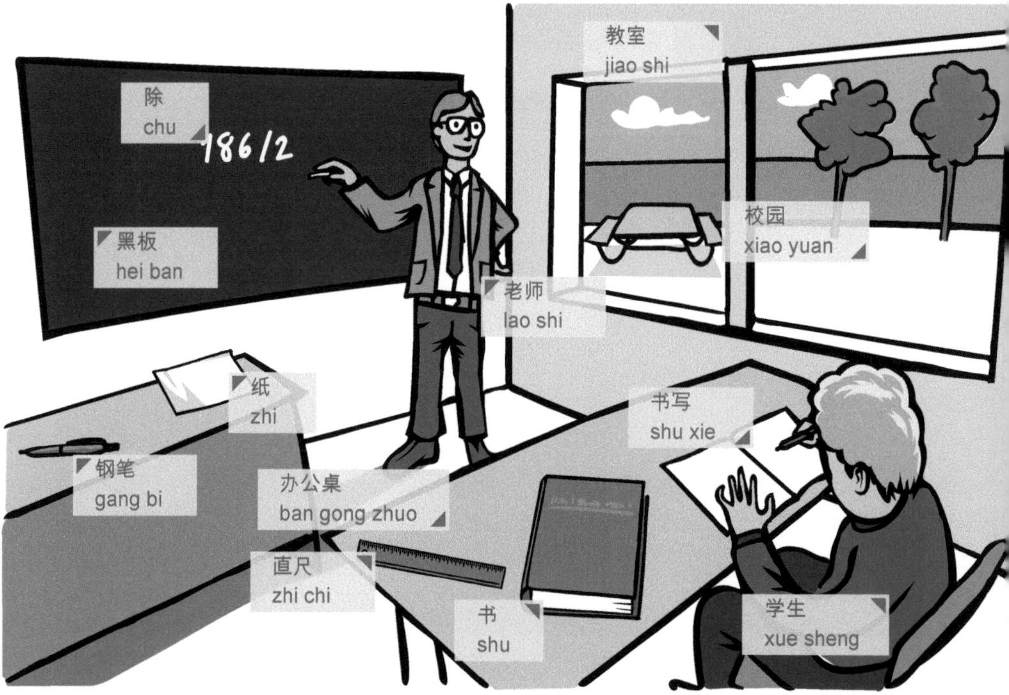

教室
jiao shi
除
chu
186/2
黑板
hei ban
校园
xiao yuan
老师
lao shi
纸
zhi
书写
shu xie
钢笔
gang bi
办公桌
ban gong zhuo
直尺
zhi chi
书
shu
学生
xue sheng

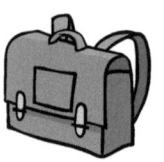

书包

shu bao

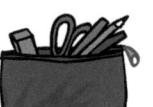

铅笔盒

qian bi he

铅笔

qian bi

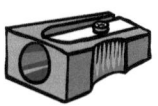

卷笔刀

juan bi dao

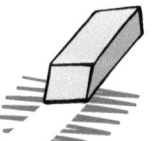

橡皮擦

xiang pi ca

画板

hua ban

图画

tu hua

画笔

hua bi

颜料盒

yan liao he

剪刀

jian dao

胶水

jiao shui

练习册

lian xi ce

家庭作业

jia ting zuo ye

数字

shu zi

加

jia

减

jian

乘

cheng

计算

ji suan

字母

zi mu

字母表

zi mu biao

字

zi

课文

ke wen

读

du

粉笔

fen bi

上课

shang ke

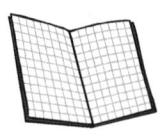

登记

deng ji

考试

kao shi

证书

zheng shu

校服

xiao fu

教育

jiao yu

百科全书

bai ke quan shu

大学

da xue

显微镜

xian wei jing

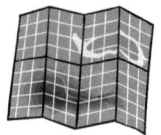

地图

di tu

废纸筐

fei zhi kuang

旅行

lü xing

酒店
jiu dian
Grand
青年旅社
qing nian lü xing she
外币兑换处
wai bi dui huan chu
手提箱
shou ti xiang
汽车
qi che

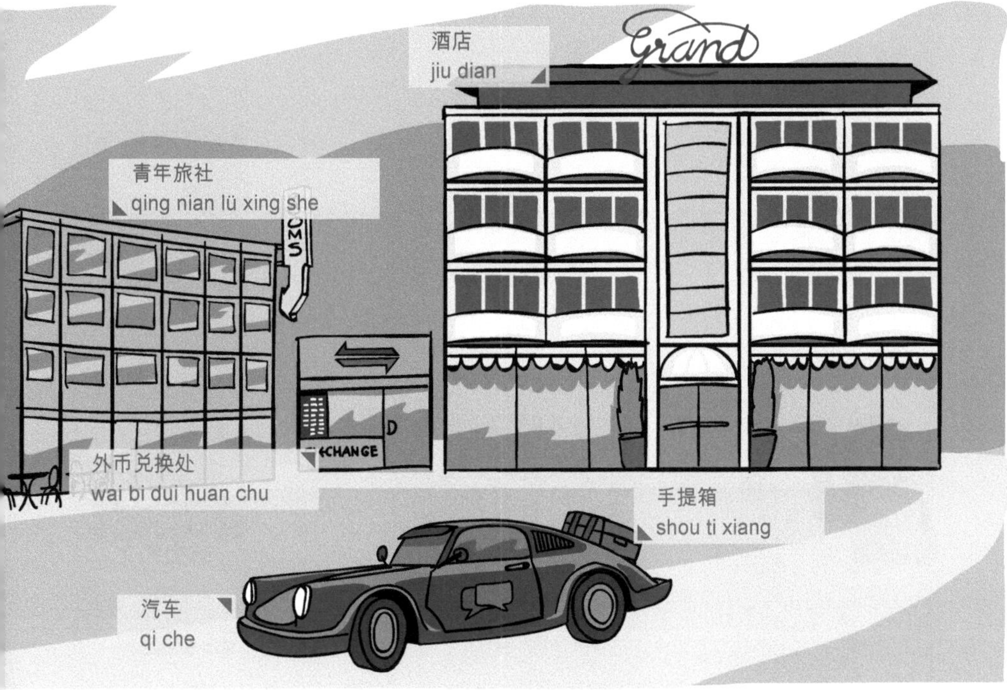

语言

yu yan

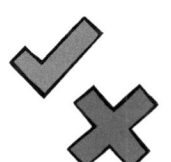

是/否

shi/fou

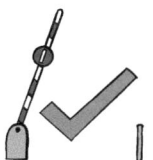

好的

hao de

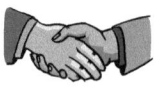

您好

nin hao

翻译员

fan yi yuan

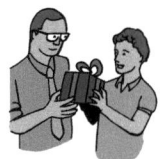

谢谢

xie xie

……多少钱？
……duo shao qian?

我不明白
wo bu ming bai

问题
wen ti

晚上好！
wan shang hao!

早上好！
zao shang hao!

晚安！
wan an!

再见
zai jian

方向
fang xiang

行李
xing li

包
bao

双肩包
shuang jian bao

客人
ke ren

房间
fang jian

睡袋
shui dai

帐篷
zhang peng

旅游信息

lü you xin xi

海滩

hai tan

信用卡

xin yong ka

早餐

zao can

午餐

wu can

晚餐

wan can

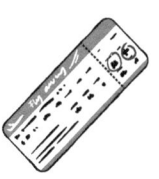

票

piao

电梯

dian ti

邮票

you piao

边界

bian jie

海关

hai guan

大使馆

da shi guan

签证

qian zheng

护照

hu zhao

交通运输

jiao tong yun shu

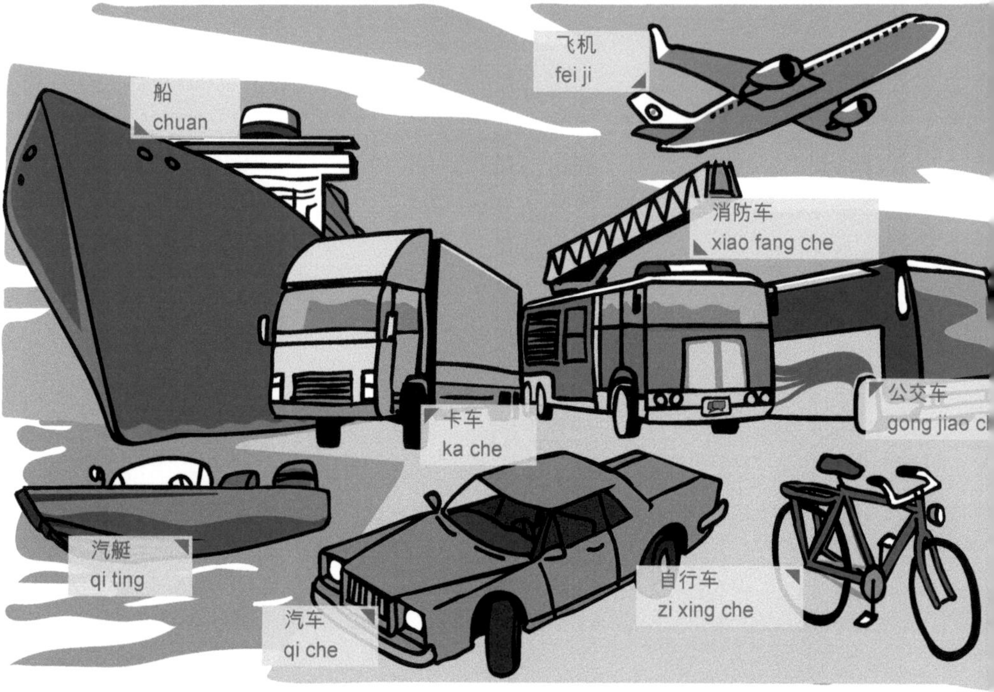

飞机
fei ji
船
chuan
消防车
xiao fang che
公交车
gong jiao c
卡车
ka che
汽艇
qi ting
自行车
zi xing che
汽车
qi che

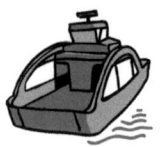

摆渡船
bai du chuan

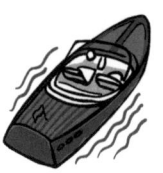

小船
xiao chuan

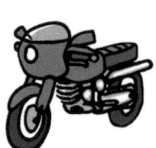

摩托车
mo tuo che

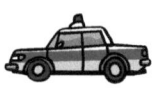

警车
jing che

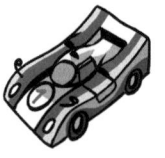

赛车
sai che

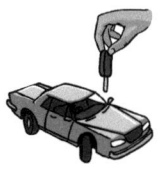

租车
zu che

拼车

pin che

拖车

tuo che

垃圾车

la ji che

发动机

fa dong ji

汽油

qi you

加油站

jia you zhan

交通标志

jiao tong biao zhi

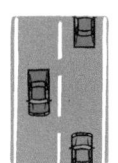

交通

jiao tong

交通堵塞

jiao tong du sai

停车场

ting che chang

火车站

huo che zhan

轨道

gui dao

火车

huo che

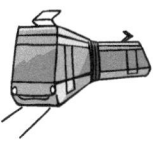

电车

dian che

货车

huo che

直升机

zhi sheng ji

机场

ji chang

塔

ta

乘客

cheng ke

集装箱

ji zhuang xiang

纸板箱

zhi ban xiang

手推车

shou tui che

篮子

lan zi

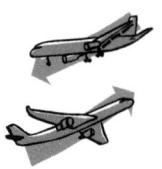

起飞/降落

qi fei/jiang luo

城市

cheng shi

村庄

cun zhuang

市中心

shi zhong xin

房子

fang zi

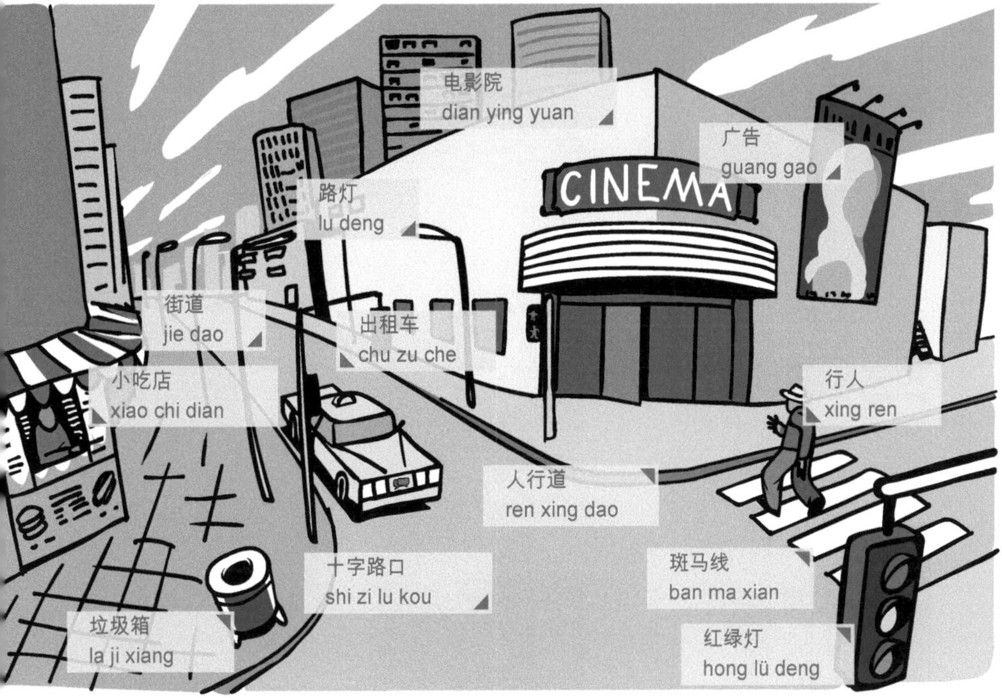
电影院
dian ying yuan
广告
guang gao
CINEMA
路灯
lu deng
街道
jie dao
出租车
chu zu che
小吃店
xiao chi dian
行人
xing ren
人行道
ren xing dao
十字路口
shi zi lu kou
斑马线
ban ma xian
垃圾箱
la ji xiang
红绿灯
hong lü deng

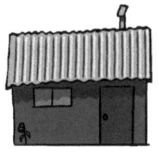

小屋

xiao wu

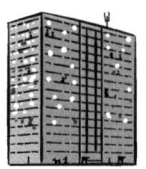

公寓

gong yu

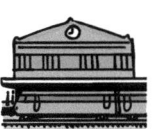

火车站

huo che zhan

市政厅

shi zheng ting

MUSEUM

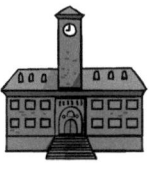

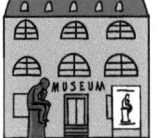

博物馆

bo wu guan

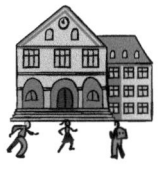

学校

xue xiao

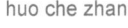

大学
da xue

银行
yin hang

医院
yi yuan

酒店
jiu dian

药房
yao fang

办公室
ban gong shi

书店
shu dian

商店
shang dian

花店
hua dian

超市
chao shi

市场
shi chang

百货商店
bai huo shang dian

鱼店
yu dian

购物中心
gou wu zhong xin

海港
hai gang

城市 - cheng shi

公园
gong yuan

长凳
chang deng

桥
qiao

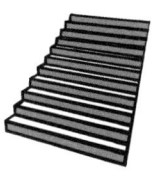

楼梯
lou ti

地铁
di tie

隧道
sui dao

公交车站
gong jiao che zhan

酒吧
jiu ba

餐馆
can guan

邮筒
you tong

路标
lu biao

停车计时器
ting che ji shi qi

动物园
dong wu yuan

游泳馆
you yong guan

清真寺
qing zhen si

农场

nong chang

污染

wu ran

墓地

mu di

教堂

jiao tang

操场

cao chang

寺庙

si miao

地形
di xing

树叶
shu ye

指示牌
zhi shi pai

路
lu

草地
cao di

石头
shi tou

树
shu

徒步旅行者
tu bu lü xing zhe

河
he

草
cao

花
hua

峡谷
xia gu

山
shan

湖
hu

森林
sen lin

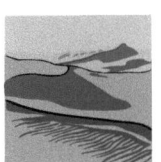

沙漠
sha mo

火山
huo shan

城堡
cheng bao

彩虹
cai hong

蘑菇
mo gu

棕榈树
zong lü shu

蚊子
wen zi

苍蝇
cang ying

蚂蚁
ma yi

蜜蜂
mi feng

蜘蛛
zhi zhu

甲虫

jia chong

青蛙

qing wa

松鼠

song shu

刺猬

ci wei

野兔

ye tu

猫头鹰

mao tou ying

鸟

niao

天鹅

tian e

野猪

ye zhu

鹿

lu

麋鹿

mi lu

水坝

shui ba

风力发电机

feng li fa dian ji

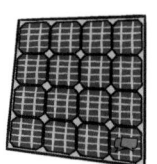

太阳能电池板

tai yang neng dian chi ban

气候

qi hou

餐馆

can guan

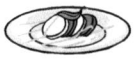

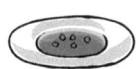

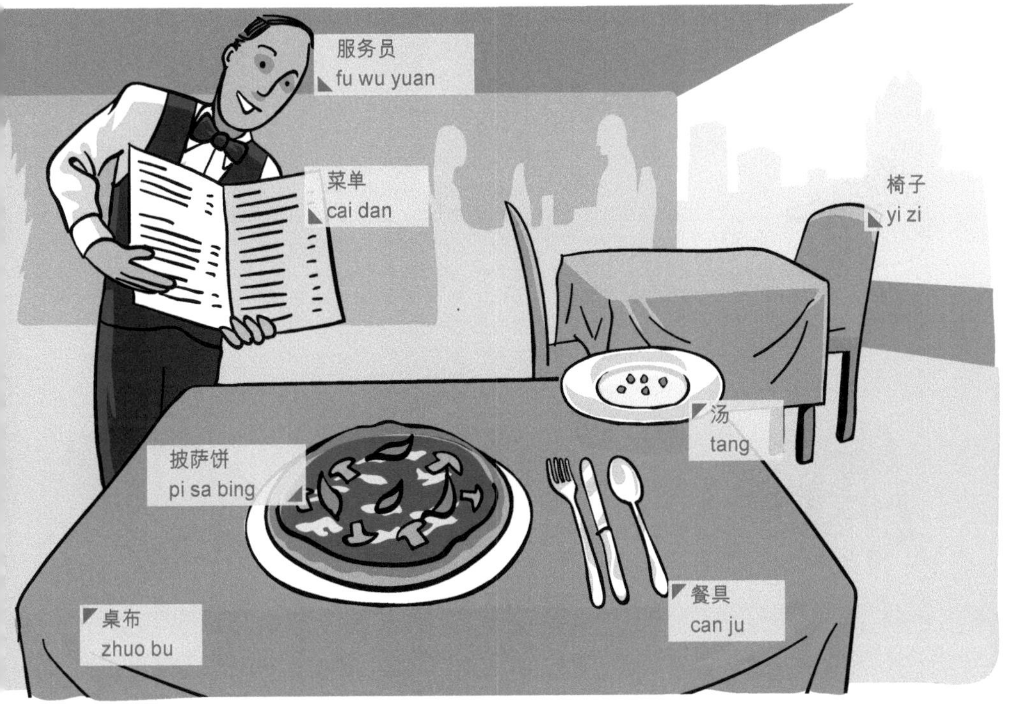

服务员
fu wu yuan
菜单
cai dan
椅子
yi zi
汤
tang
披萨饼
pi sa bing
餐具
can ju
桌布
zhuo bu

前菜

qian cai

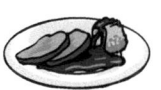

主菜

zhu cai

甜点

tian dian

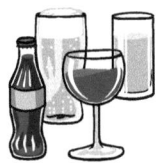

饮料

yin liao

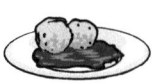

食物

shi wu

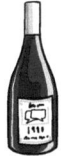

瓶子

ping zi

快餐

kuai can

街边小吃

jie bian xiao chi

茶壶

cha hu

糖盒

tang he

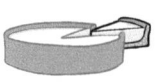

一份饭菜

yi fen fan cai

意式咖啡机

yi shi ka fei ji

高脚椅

gao jiao yi

账单

zhang dan

托盘

tuo pan

刀

dao

餐叉

can cha

勺子

shao zi

茶匙

cha chi

餐巾

can jin

玻璃杯

bo li bei

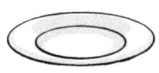

碟子

die zi

汤盘

tang pan

碟子

die zi

酱

jiang

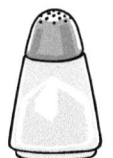

盐瓶

yan ping

胡椒磨

hu jiao mo

醋

cu

食用油

shi yong you

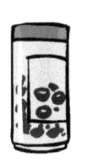

调味料

tiao wei liao

番茄酱

fan qie jiang

芥末

jie mo

蛋黄酱

dan huang jiang

超市

chao shi

特价
te jia
顾客
gu ke
FOR
乳制品
ru zhi pin
水果
shui guo
购物车
gou wu che

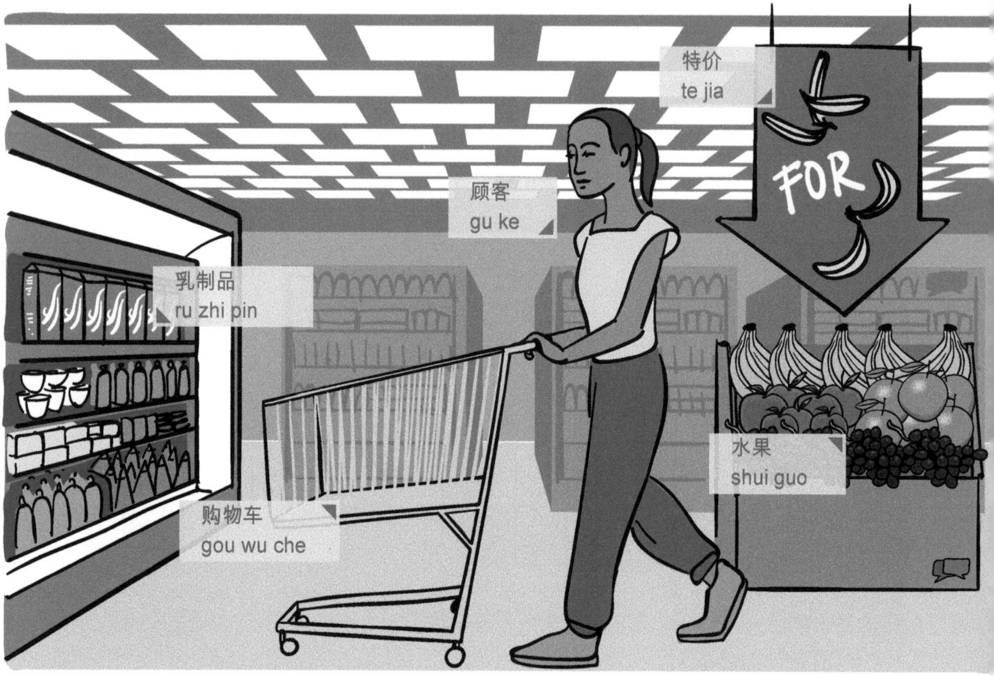

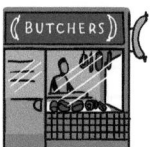

BUTCHERS

肉铺

rou pu

BAKERY

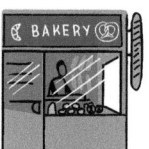

面包房

mian bao fang

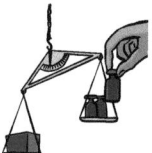

称重

cheng zhong

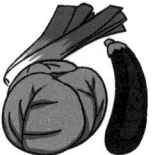

蔬菜

shu cai

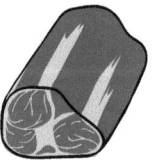

肉

rou

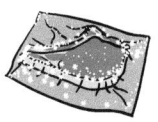

冷冻食品

leng dong shi pin

冷盘

leng pan

罐头食品

guan tou shi pin

洗衣粉

xi yi fen

甜食

tian shi

日用品

ri yong pin

清洁用品

qing jie yong pin

销售员

xiao shou yuan

收银机

shou yin ji

收银员

shou yin yuan

购物清单

gou wu qing dan

开放时间

kai fang shi jian

钱包

qian bao

信用卡

xin yong ka

袋子

dai zi

塑料袋

su liao dai

水

shui

果汁

guo zhi

牛奶

niu nai

可乐

ke le

红酒

hong jiu

啤酒

pi jiu

酒

jiu

可可

ke ke

茶

cha

咖啡

ka fei

意式浓缩咖啡

yi shi nong suo ka fei

卡布奇诺

ka bu qi nuo

香蕉

xiang jiao

苹果

ping guo

橙子

cheng zi

西瓜

xi gua

柠檬

ning meng

胡萝卜

hu luo bo

大蒜

da suan

竹子

zhu zi

洋葱

yang cong

蘑菇

mo gu

坚果

jian guo

面条

mian tiao

意大利面条

yi da li mian tiao

米饭

mi fan

沙拉

sha la

薯条

shu tiao

炸土豆

zha tu dou

披萨饼

pi sa bing

汉堡包

han bao bao

三明治

san ming zhi

炸猪排

zha zhu pai

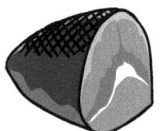

火腿

huo tui

萨拉米

sa la mi

香肠

xiang chang

鸡肉

ji rou

烤肉

kao rou

鱼

yu

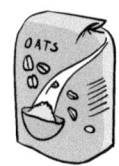

燕麦片

yan mai pian

穆兹利

mu zi li

玉米片

yu mi pian

面粉

mian fen

羊角面包

yang jiao mian bao

面包卷

mian bao juan

面包

mian bao

烤面包

kao mian bao

饼干

bing gan

黄油

huang you

凝乳

ning ru

蛋糕

dan gao

蛋

dan

煎蛋

jian dan

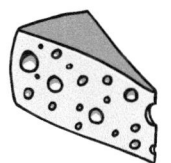

奶酪

nai lao

冰激凌

bing ji lin

糖

tang

蜂蜜

feng mi

果酱

guo jiang

巧克力酱

qiao ke li jiang

咖喱饭

ga li fan

农场
nong chang

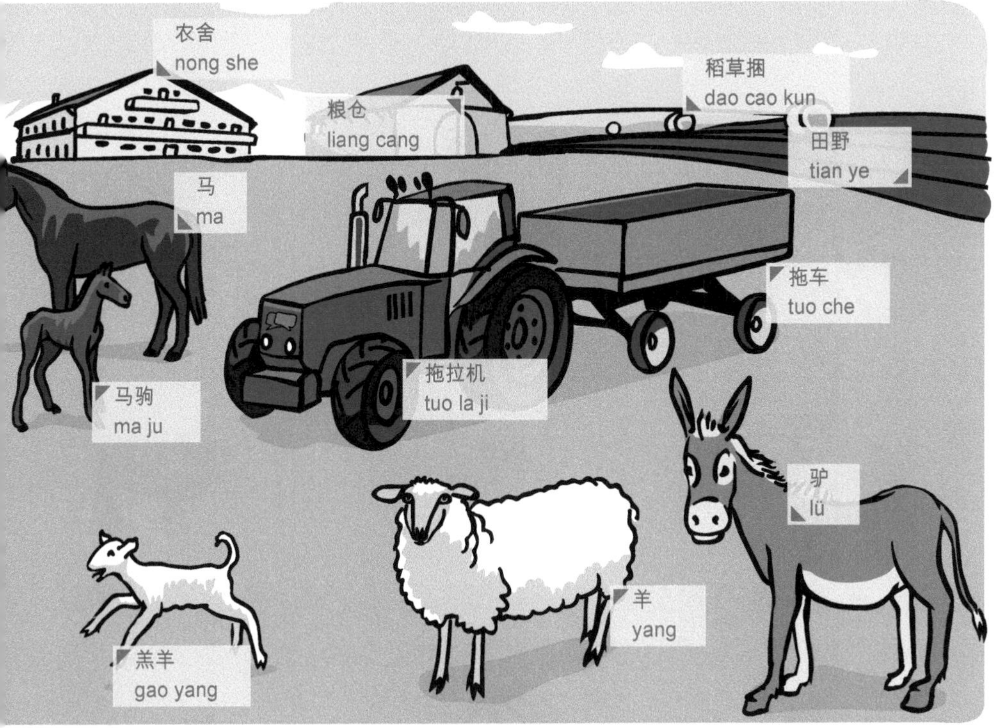
农舍
nong she
粮仓
liang cang
稻草捆
dao cao kun
田野
tian ye
马
ma
拖车
tuo che
拖拉机
tuo la ji
马驹
ma ju
驴
lü
羊
yang
羔羊
gao yang

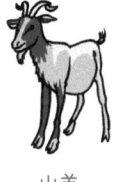

山羊
shan yang

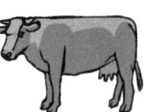

奶牛
nai niu

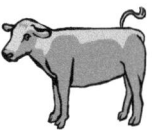

牛犊
niu du

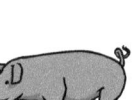

猪
zhu

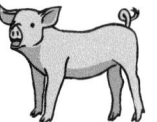

小猪
xiao zhu

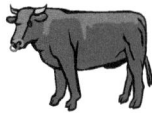

公牛
gong niu

鹅
e

鸭
ya

小鸡
xiao ji

母鸡
mu ji

公鸡
gong ji

鼠
shu

猫
mao

老鼠
lao shu

牛
niu

狗
gou

狗屋
gou wu

花园浇水软管
hua yuan jiao shui ruan guan

洒水壶
sa shui hu

长柄大镰刀
chang bing da lian dao

犁
li

镰刀

lian dao

锄头

chu tou

长柄草耙

chang bing cao pa

斧头

fu tou

独轮手推车

du lun shou tui che

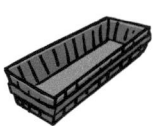

饲料槽

si liao cao

牛奶罐

niu nai guan

麻布袋

ma bu dai

栅栏

zha lan

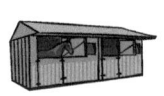

马厩

ma jiu

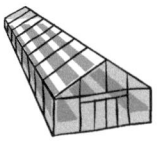

温室

wen shi

土壤

tu rang

种子

zhong zi

肥料

fei liao

联合收割机

lian he shou ge ji

收割

shou ge

收割

shou ge

山药

shan yao

小麦

xiao mai

大豆

da dou

土豆

tu dou

玉米

yu mi

油菜籽

you cai zi

果树

guo shu

树薯

shu shu

谷物

gu wu

房子

fang zi

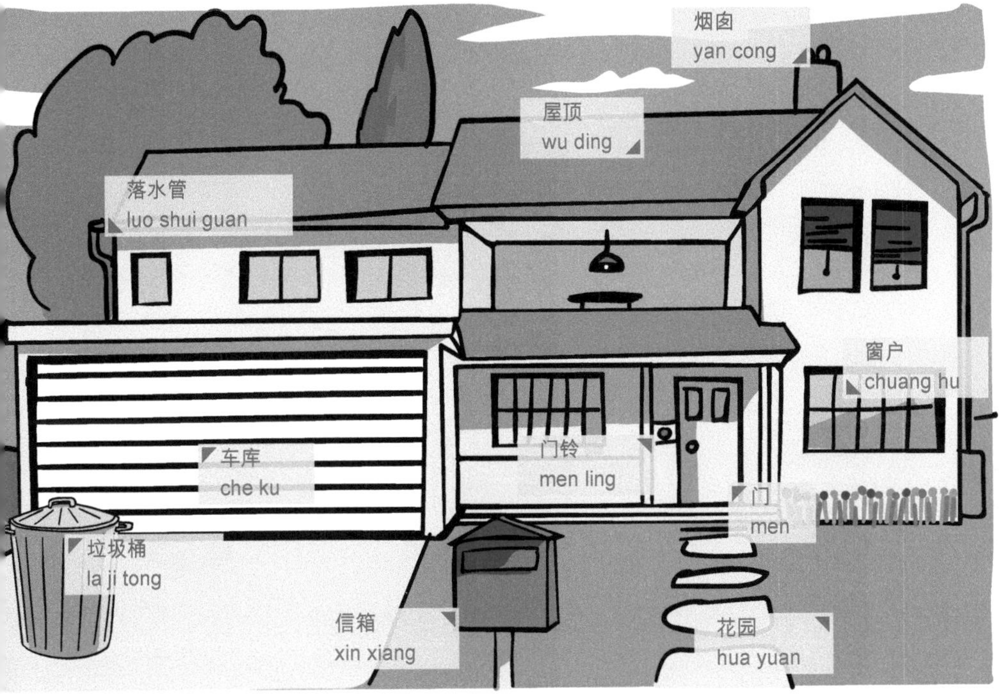

烟囱
yan cong
屋顶
wu ding
落水管
luo shui guan
窗户
chuang hu
车库
che ku
门铃
men ling
门
men
垃圾桶
la ji tong
信箱
xin xiang
花园
hua yuan

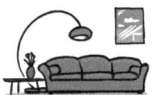

客厅

ke ting

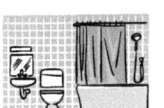

浴室

yu shi

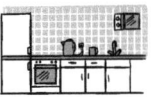

厨房

chu fang

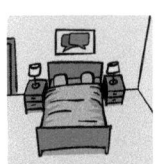

卧室

wo shi

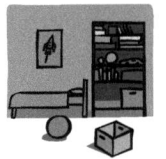

儿童房

er tong fang

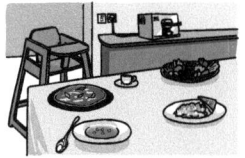

餐厅

can ting

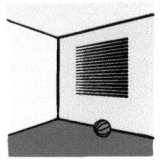

地板

di ban

墙壁

qiang bi

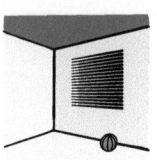

吊顶

diao ding

地窖

di jiao

桑拿

sang na

阳台

yang tai

露台

lu tai

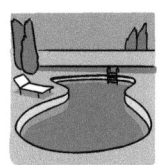

游泳池

you yong chi

割草机

ge cao ji

被单

bei dan

床罩

chuang zhao

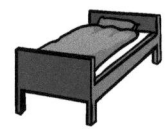

床

chuang

扫帚

sao zhou

水桶

shui tong

开关

kai guan

客厅

ke ting

壁纸
bi zhi
照片
zhao pian
台灯
tai deng
搁架
ge jia
橱柜
chu gui
电视机
dian shi ji
壁炉
bi lu
花
hua
垫子
dian zi
沙发
sha fa
花瓶
hua ping
遥控器
yao kong qi

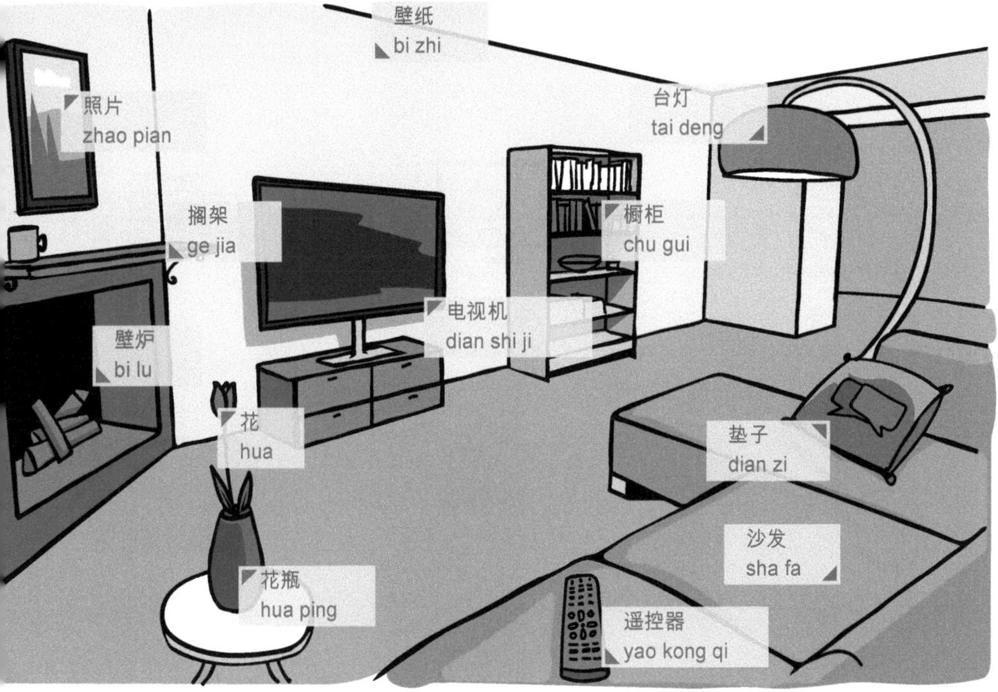

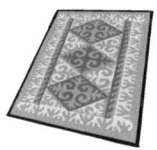

地毯

di tan

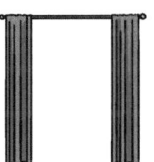

窗帘

chuang lian

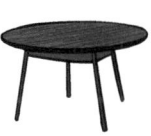

餐桌

can zhuo

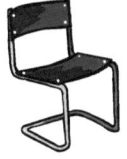

椅子

yi zi

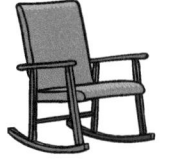

摇椅

yao yi

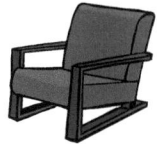

扶手椅

fu shou yi

书
shu

毯子
tan zi

装饰品
zhuang shi pin

木柴
mu chai

电影
dian ying

高保真音响
gao bao zhen yin xiang

钥匙
yao shi

报纸
bao zhi

油画
you hua

海报
hai bao

收音机
shou yin ji

笔记本
bi ji ben

吸尘器
xi chen qi

仙人掌
xian ren zhang

蜡烛
la zhu

厨房

chu fang

冰箱
bing xiang
微波炉
wei bo lu
厨房秤
chu fang cheng
烤面包机
kao mian bao ji
洗洁精
xi jie jing
烤箱
kao xiang
冰柜
bing gui
垃圾桶
la ji tong
洗碗机
xi wan ji

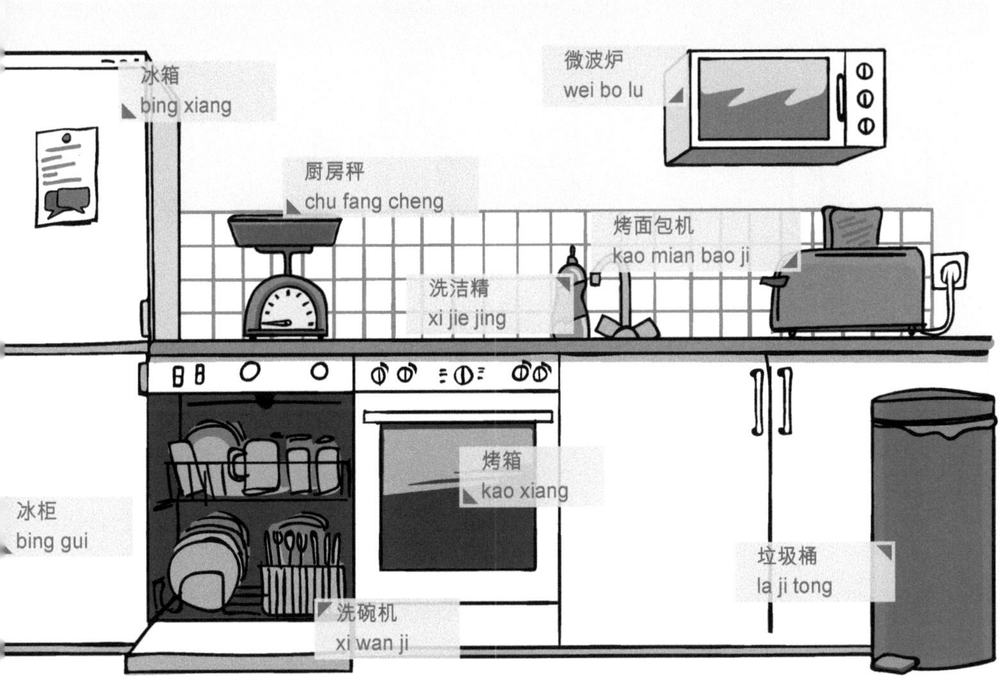

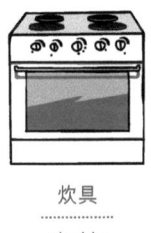

炊具

chui ju

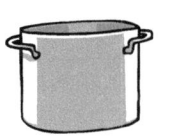

锅

guo

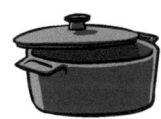

铸铁锅

zhu tie guo

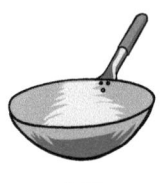

炒锅

sha guo

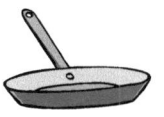

平底锅

ping di guo

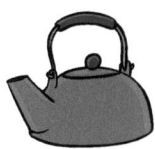

水壶

shui hu

蒸锅

zheng guo

烤盘

kao pan

陶瓷锅

tao ci guo

马克杯

ma ke bei

碗

wan

筷子

kuai zi

长柄勺

chang bing shao

铲子

chan zi

搅拌器

jiao ban qi

滤网

lü wang

筛子

shai zi

磨碎机

mo sui ji

研钵

yan bo

烧烤

shao kao

明火

ming huo

菜板

cai ban

擀面杖

gan mian zhang

开瓶器

kai ping qi

罐子

guan zi

开罐器

kai ping qi

隔热手套

ge re shou tao

水槽

shui cao

刷子

shua zi

海绵

hai mian

搅拌机

jiao ban ji

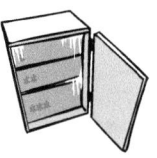

冷藏箱

leng cang xiang

奶瓶

nai ping

水龙头

shui long tou

浴室

yu shi

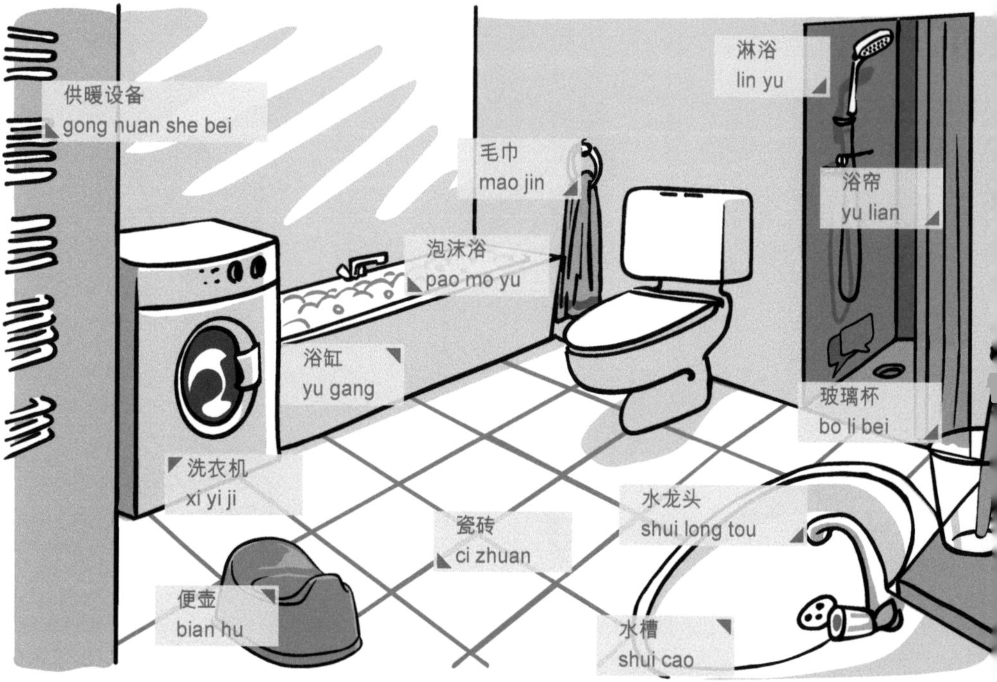

供暖设备
gong nuan she bei
淋浴
lin yu
毛巾
mao jin
浴帘
yu lian
泡沫浴
pao mo yu
浴缸
yu gang
玻璃杯
bo li bei
洗衣机
xi yi ji
水龙头
shui long tou
瓷砖
ci zhuan
便壶
bian hu
水槽
shui cao

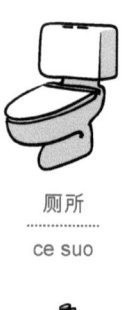

厕所

ce suo

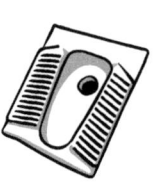

蹲便器

dun bian qi

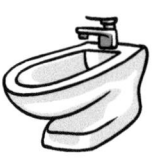

坐浴器

zuo yu qi

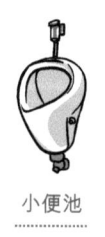

小便池

xiao bian chi

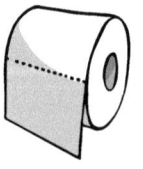

厕纸

ce zhi

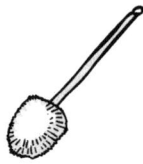

马桶刷

ma tong shua

牙刷
ya shua

牙膏
ya gao

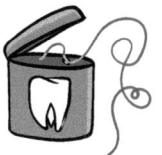

牙线
ya xian

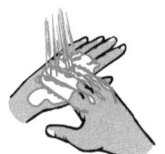

洗
xi

手持式喷淋头
shou chi shi pen lin tou

冲洗器
chong xi qi

洗脸盆
xi lian pen

擦背刷
ca bei shua

肥皂
fei zao

沐浴露
mu yu lu

洗发水
xi fa shui

法兰绒
fa lan rong

排水
pai shui

乳霜
ru shuang

除臭剂
chu chou ji

镜子

jing zi

手镜

shou jing

剃须刀

ti xu dao

剃须泡沫

ti xu pao mo

须后水

xu hou shui

梳子

shu zi

刷子

shua zi

吹风机

chui feng ji

喷发定型剂

pen fa ding xing ji

化妆品

hua zhuang pin

唇膏

chun gao

指甲油

zhi jia you

化妆棉

hua zhuang mian

指甲剪

zhi jia jian

香水

xiang shui

洗漱包

xi shu bao

凳子

deng zi

计重秤

ji zhong cheng

浴袍

yu pao

橡胶手套

xiang jiao shou tao

卫生棉条

wei sheng mian tiao

卫生巾

wei sheng jin

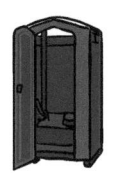

化学厕所

hua xue ce suo

儿童房

er tong fang

闹钟
nao zhong
毛绒玩具
mao rong wan ju
玩具车
wan ju che
拨浪鼓
bo lang gu
玩具屋
wan ju wu
礼物
li wu

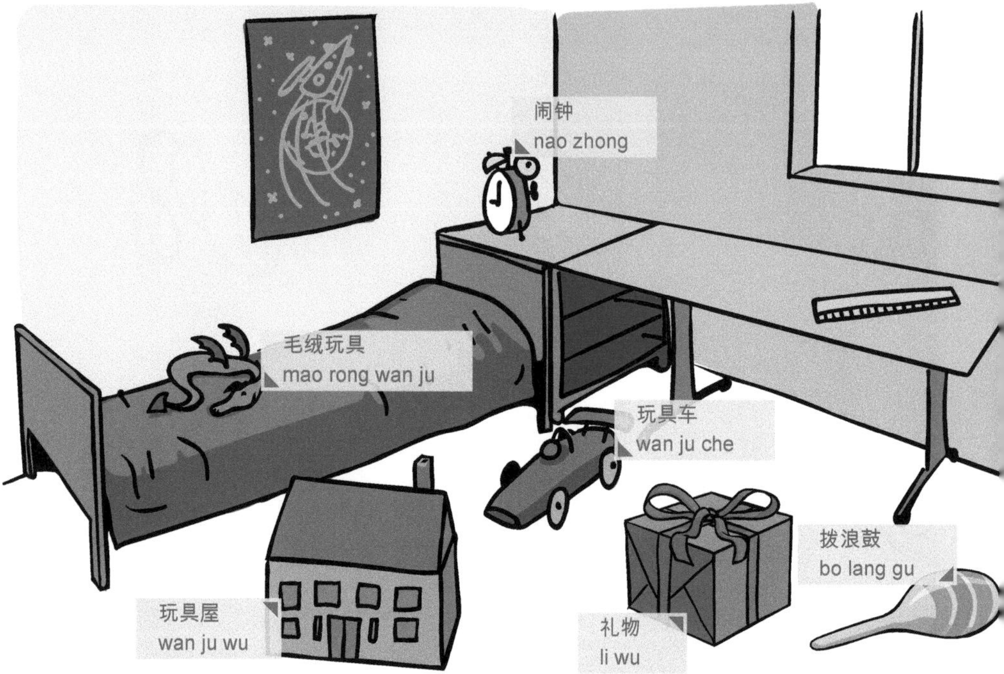

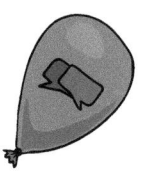

气球

qi qiu

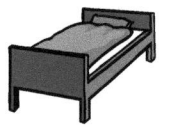

床

chuang

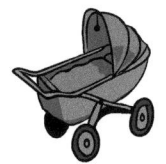

（洋娃娃用）婴儿车

(yang wa wa yong)ying er che

扑克牌

pu ke pai

拼图

pin tu

SUPER
MEGA

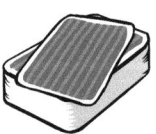

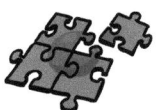

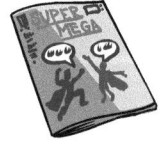

漫画

man hua

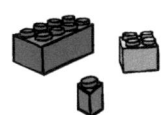

乐高积木

le gao ji mu

积木玩具

ji mu wan ju

玩具人

wan ju ren

婴儿服

ying er fu

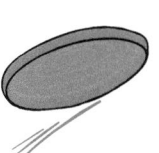

飞盘

fei pan

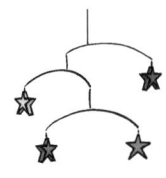

床铃玩具

chuang ling wan ju

棋盘游戏

qi pan you xi

骰子

shai zi

火车模型

huo che mo xing

安抚奶嘴

an fu nai zui

聚会

ju hui

绘本

hui ben

球

qiu

洋娃娃

yang wa wa

玩

wan

沙坑

sha keng

秋千

qiu qian

玩具

wan ju

游戏机

you xi ji

三轮车

san lun che

泰迪熊

tai di xiong

衣柜

yi chu

衣服

yi fu

袜子

wa zi

长袜

chang wa

紧身裤

jin shen ku

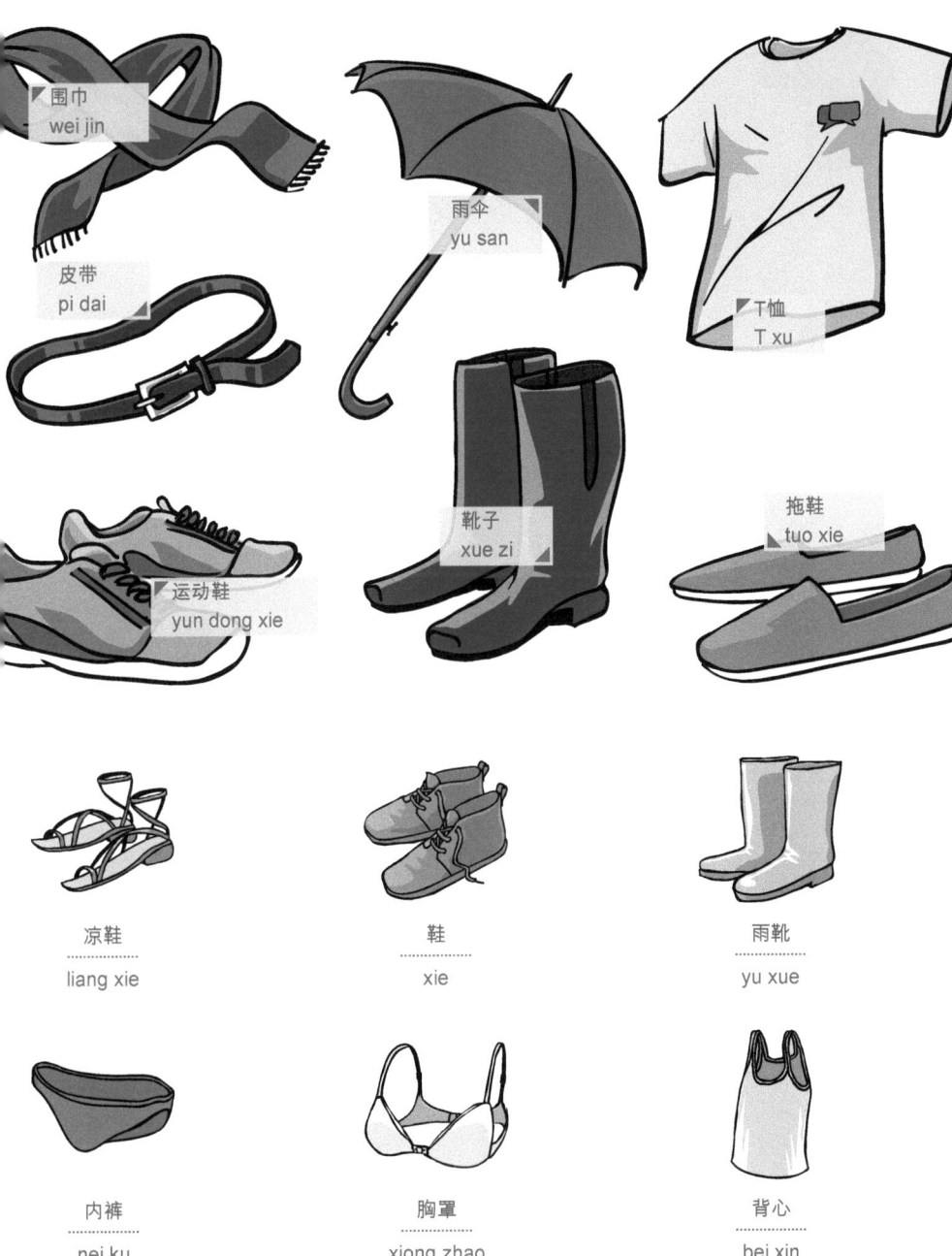

围巾
wei jin

雨伞
yu san

T恤
T xu

皮带
pi dai

靴子
xue zi

拖鞋
tuo xie

运动鞋
yun dong xie

凉鞋
liang xie

鞋
xie

雨靴
yu xue

内裤
nei ku

胸罩
xiong zhao

背心
bei xin

身体

shen ti

裤子

ku zi

牛仔裤

niu zai ku

短裙

duan qun

女式衬衫

nü shi chen shan

衬衫

chen shan

套头衫

tao tou shan

卫衣

wei yi

西装夹克

xi zhuang jia ke

夹克

jia ke

外套

wai tao

雨衣

yu yi

套装

tao zhuang

连衣裙

lian yi qun

婚纱

hun sha

西装
xi zhuang

睡袍
shui pao

睡衣
shui yi

莎丽
sha li

头巾
tou jin

包头巾
bao tou jin

波卡
bo ka

卡夫坦
ka fu tan

(阿拉伯式)长袍长袍
(a la bo shi)chang pao

泳衣
yong yi

男式泳裤
nan shi yong ku

短裤
duan ku

运动服
yun dong fu

围裙
wei qun

手套
shou tao

纽扣

niu kou

眼镜

yan jing

手链

shou lian

项链

xiang lian

戒指

jie zhi

耳环

er huan

便帽

bian mao

衣架

yi jia

帽子

mao zi

领带

ling dai

拉链

la lian

头盔

tou kui

背带

bei dai

校服

xiao fu

制服

zhi fu

衣服 - yi fu

围兜
wei dou

安抚奶嘴
an fu nai zui

尿不湿
niao bu shi

办公室
ban gong shi

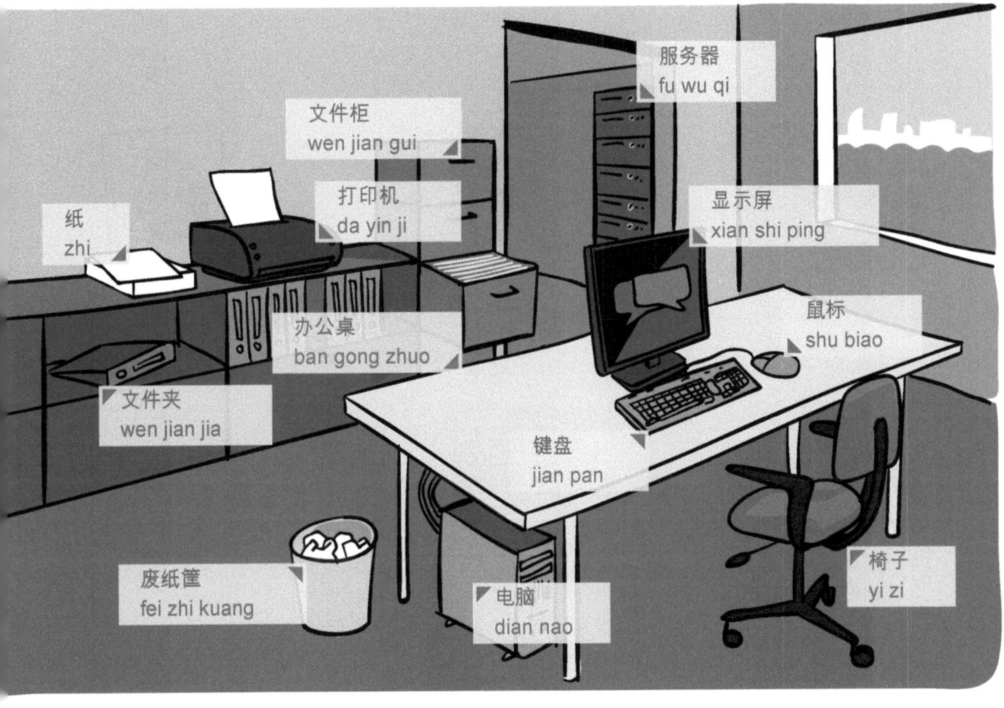

服务器
fu wu qi

文件柜
wen jian gui

打印机
da yin ji

纸
zhi

显示屏
xian shi ping

鼠标
shu biao

办公桌
ban gong zhuo

文件夹
wen jian jia

键盘
jian pan

废纸筐
fei zhi kuang

电脑
dian nao

椅子
yi zi

咖啡杯
ka fei bei

计算器
ji suan qi

因特网
yin te wang

笔记本电脑

bi ji ben dian nao

信件

xin jian

消息

xiao xi

手机

shou ji

网络

wang luo

复印机

fu yin ji

软件

ruan jian

电话

dian hua

插座

cha zuo

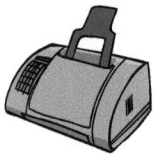

传真机

chuan zhen ji

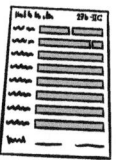

表格

biao ge

文件

wen jian

买

mai

付钱

fu qian

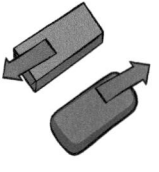

交易

jiao yi

现金

xian jin

美元

mei yuan

欧元

ou yuan

日元

ri yuan

卢布

lu bu

瑞士法郎

rui shi fa lang

人民币

ren min bi

卢比

lu bi

提款处

ti kuan chu

外币兑换处

wai bi dui huan chu

金

jin

银

yin

石油

shi you

能源

neng yuan

价格

jia ge

合同

he tong

税金

shui jin

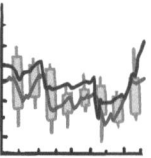

股票

gu piao

工作

gong zuo

职员

zhi yuan

老板

lao ban

工厂

gong chang

商店

shang dian

职业
zhi ye

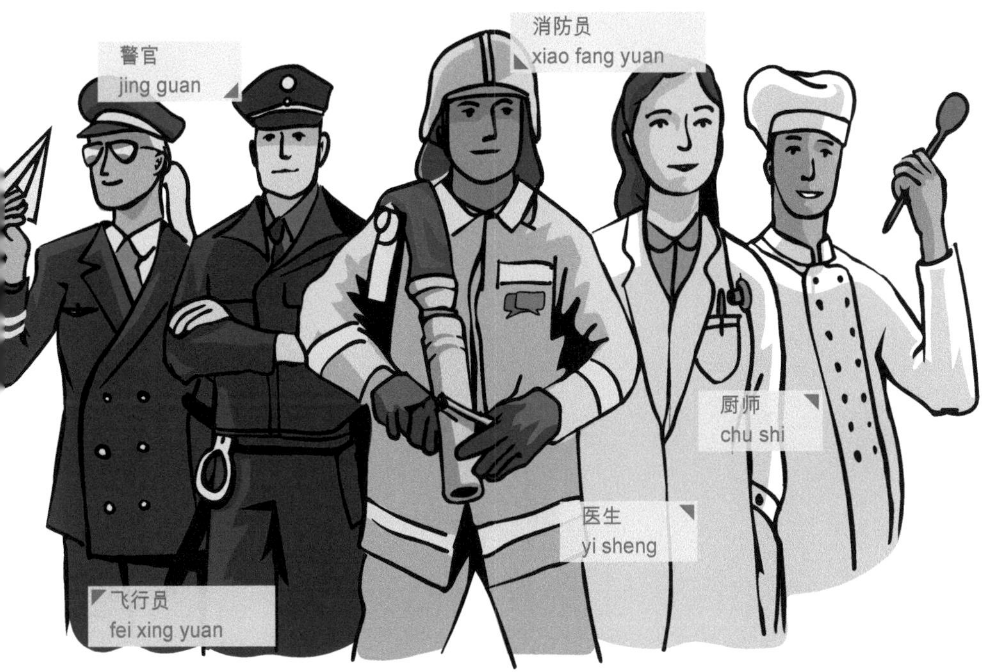

警官
jing guan
消防员
xiao fang yuan
厨师
chu shi
医生
yi sheng
飞行员
fei xing yuan

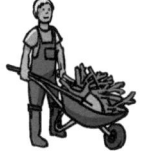

园丁

yuan ding

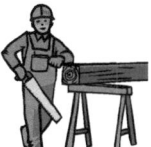

木匠

mu jiang

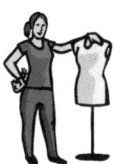

裁缝

cai feng

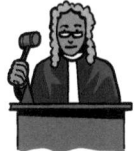

法官

fa guan

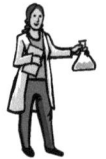

化学家

hua xue jia

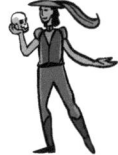

演员

yan yuan

公交车司机

gong jiao che si ji

出租车司机

chu zu che si ji

渔夫

yu fu

清洁女工

qing jie nü gong

屋顶工

wu ding gong

服务员

fu wu yuan

猎人

lie ren

画家

hua jia

面包师

mian bao shi

电工

dian gong

建筑工人

jian zhu gong ren

工程师

gong cheng shi

屠夫

tu fu

水管工

shui guan gong

邮递员

you di yuan

士兵

shi bing

建筑师

jian zhu shi

收银员

shou yin yuan

花农

hua nong

理发师

li fa shi

售票员

shou piao yuan

机械师

ji xie shi

船长

chuan zhang

牙医

ya yi

科学家

ke xue jia

拉比

la bi

伊玛目

yi ma mu

和尚

he shang

牧师

mu shi

工具

gong ju

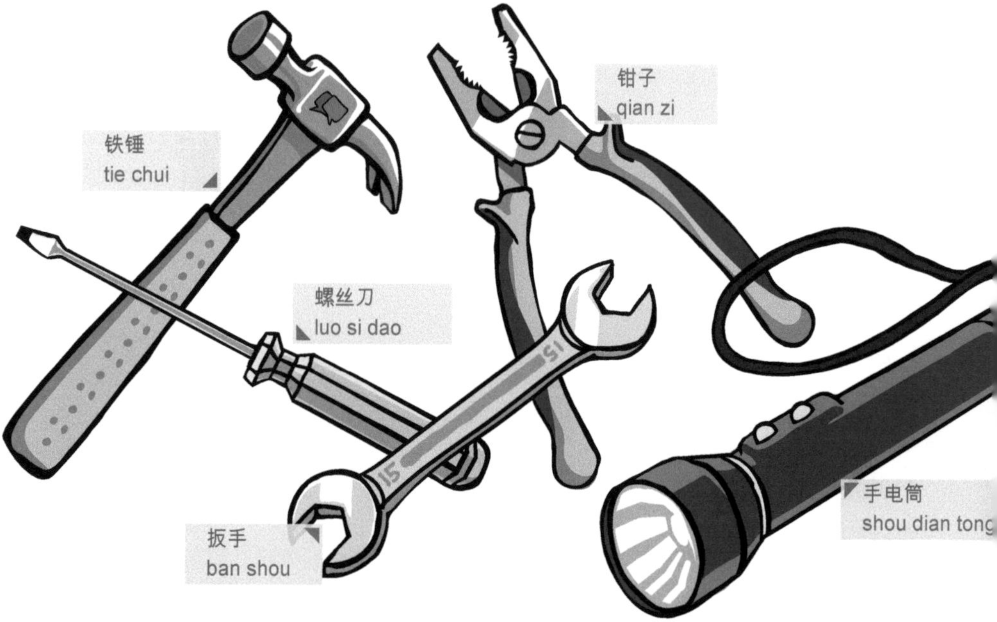

铁锤
tie chui
钳子
qian zi
螺丝刀
luo si dao
扳手
ban shou
手电筒
shou dian tong

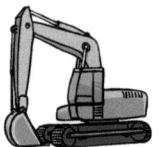

挖掘机

wa jue ji

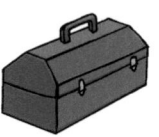

工具箱

gong ju xiang

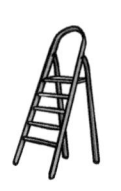

梯子

ti zi

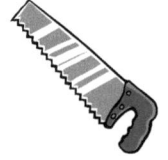

锯子

ju zi

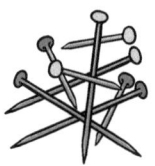

钉子

ding zi

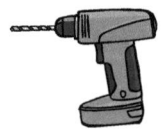

钻机

zuan ji

修
xiu

铲子
chan zi

靠！
kao!

簸箕
bo ji

油漆桶
you qi tong

螺丝
luo si

乐器
yue qi

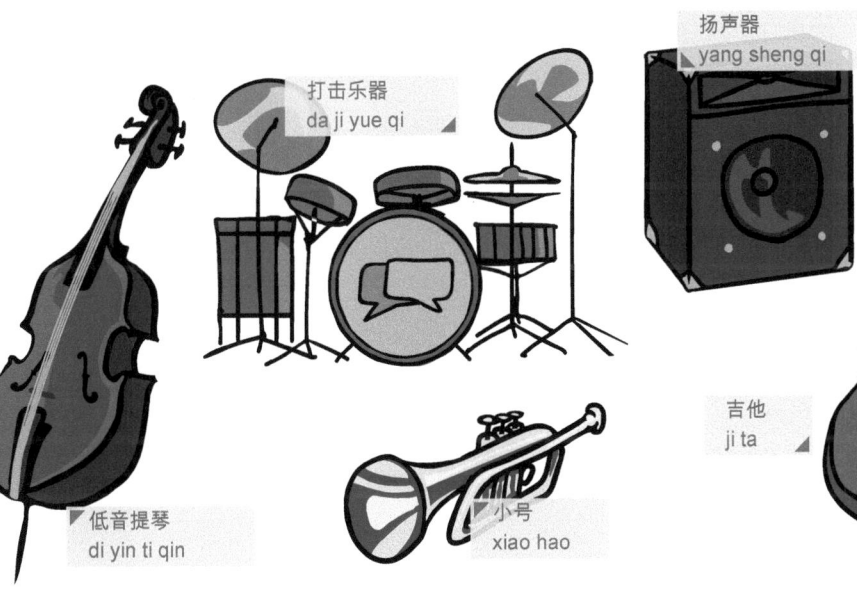

打击乐器
da ji yue qi

扬声器
yang sheng qi

低音提琴
di yin ti qin

小号
xiao hao

吉他
ji ta

钢琴

gang qin

小提琴

xiao ti qin

贝斯

bei si

定音鼓

ding yin gu

鼓

gu

电子琴

dian zi qin

萨克斯管

sa ke si guan

长笛

chang di

麦克风

mai ke feng

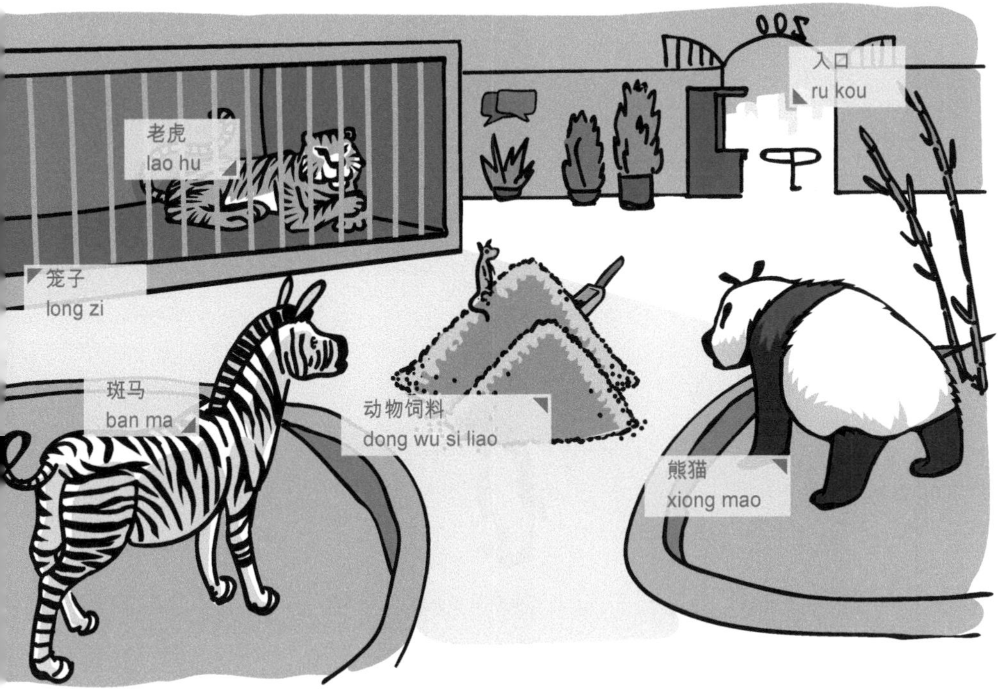
zoo
入口
ru kou
老虎
lao hu
笼子
long zi
斑马
ban ma
动物饲料
dong wu si liao
熊猫
xiong mao

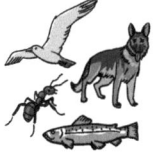

动物

dong wu

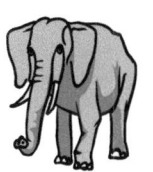

大象

da xiang

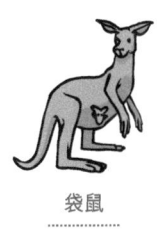

袋鼠

dai shu

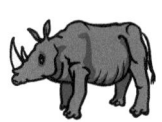

犀牛

xi niu

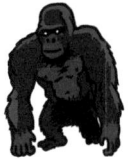

大猩猩

da xing xing

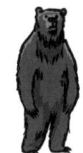

熊

xiong

骆驼

luo tuo

鸵鸟

tuo niao

狮子

shi zi

猴子

hou zi

火烈鸟

huo lie niao

鹦鹉

ying wu

北极熊

bei ji xiong

企鹅

qi e

鲨鱼

sha yu

孔雀

kong que

蛇

she

鳄鱼

e yu

动物园管理员

dong wu yuan guan li yuan

海豹

hai bao

美洲豹

mei zhou bao

矮种马

ai zhong ma

豹

bao

河马

he ma

长颈鹿

chang jing lu

老鹰

lao ying

野猪

ye zhu

鱼

yu

龟

gui

海象

hai xiang

狐狸

hu li

羚羊

ling yang

橄榄球
gan lan qiu

骑自行车
qi zi xing che

网球
wang qiu

篮球
lan qiu

游泳
you yong

拳击
quan ji

冰球
bing qiu

英式足球
ying shi zu qiu

羽毛球
yu mao qiu

田径
tian jing

手球
shou qiu

滑雪
hua xue

马球
ma qiu

跳
tiao

拥抱
yong bao

笑
xiao

走路
zou lu

唱
chang

做梦
zuo meng

祈祷
qi dao

亲吻
qin wen

书写
shu xie

画
hua

展示
zhan shi

推
tui

给
gei

拿
na

有

you

做

zuo

当

dang

站

zhan

跑

pao

拉

la

扔

reng

摔倒

shuai dao

躺

tang

等待

deng dai

携带

xie dai

坐

zuo

穿衣

chuan yi

睡觉

shui jiao

醒来

xing lai

看
kan

哭
ku

抚摸
fu mo

梳头
shu tou

交谈
jiao tan

明白
ming bai

问
wen

听
ting

喝
he

吃
chi

清理
qing li

爱
ai

做饭
zuo fan

开车
kai che

飞
fei

航行

hang xing

计算

ji suan

读

du

学习

xue xi

工作

gong zuo

结婚

jie hun

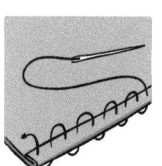

缝

feng

刷牙

shua ya

杀

sha

抽烟

chou yan

寄

ji

祖母
zu mu

祖父
zu fu

父亲
fu qin

母亲
mu qin

婴童
ying tong

女儿
nü er

儿子
er zi

客人
ke ren

阿姨
a yi

叔叔
shu shu

兄弟
xiong di

姐妹
jie mei

家 - jia

身体

shen ti

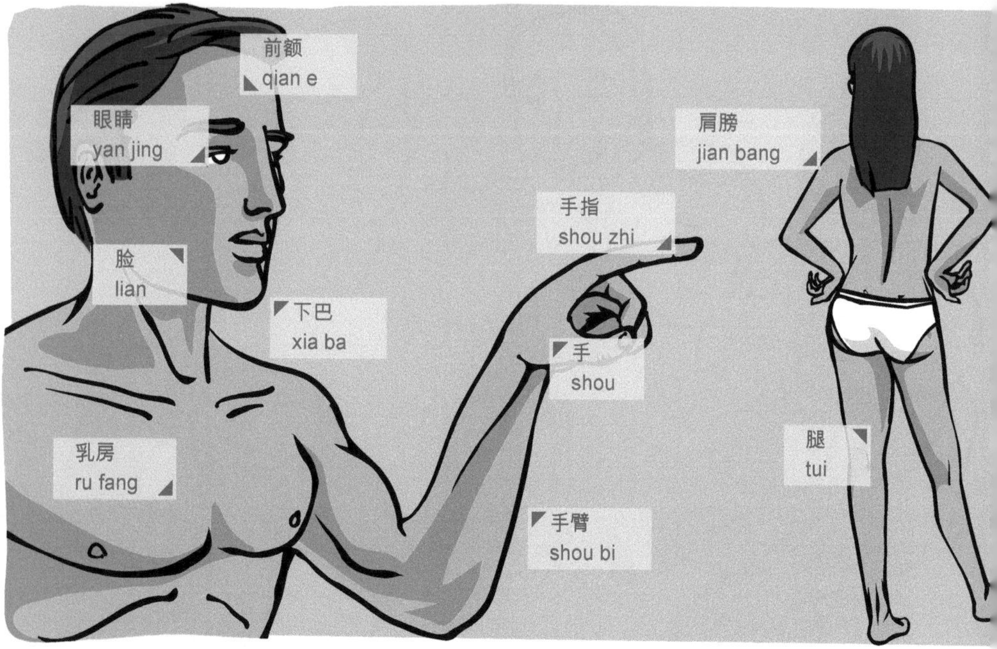

前额
qian e
眼睛
yan jing
肩膀
jian bang
手指
shou zhi
脸
lian
下巴
xia ba
手
shou
腿
tui
乳房
ru fang
手臂
shou bi

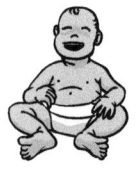

婴童

ying tong

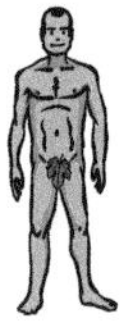
男人

nan ren

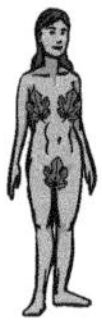
女人

nü ren

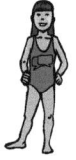

女孩

nü hai

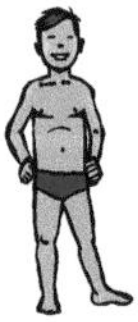
男孩

nan hai

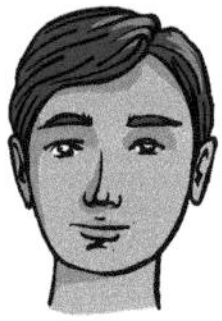
头

tou

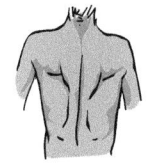

背部
bei bu

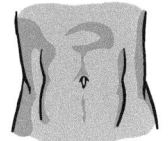

肚子
du zi

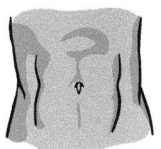

肚脐
du qi

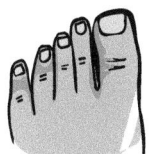

脚趾
jiao zhi

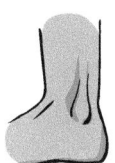

脚后跟
jiao hou gen

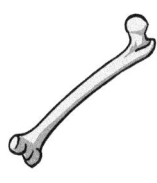

骨头
gu tou

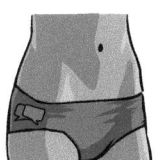

臀部
tun bu

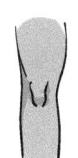

膝盖
xi gai

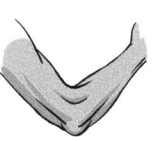

手肘
shou zhou

鼻子
bi zi

屁股
pi gu

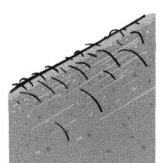

皮肤
pi fu

脸颊
lian jia

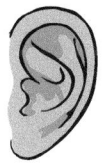

耳朵
er duo

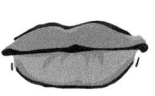

嘴唇
zui chun

嘴

zui

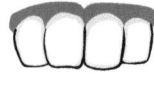

牙齿

ya chi

舌头

she tou

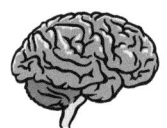

脑

nao

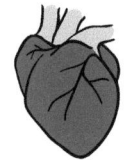

心脏

xin zang

肌肉

ji rou

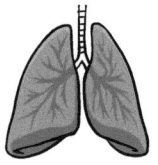

肺

fei

肝脏

gan zang

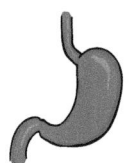

胃

wei

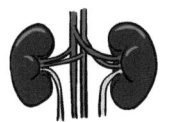

肾脏

shen zang

性交

xing jiao

避孕套

bi yun tao

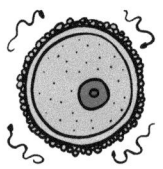

卵子

luan zi

精子

jing zi

怀孕

huai yun

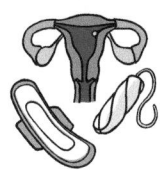

月经
yue jing

阴道
yin dao

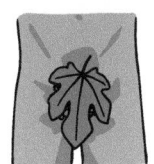

阴茎
yin jing

眉毛
mei mao

头发
tou fa

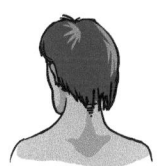

脖子
bo zi

身体 - shen ti

医院

yi yuan

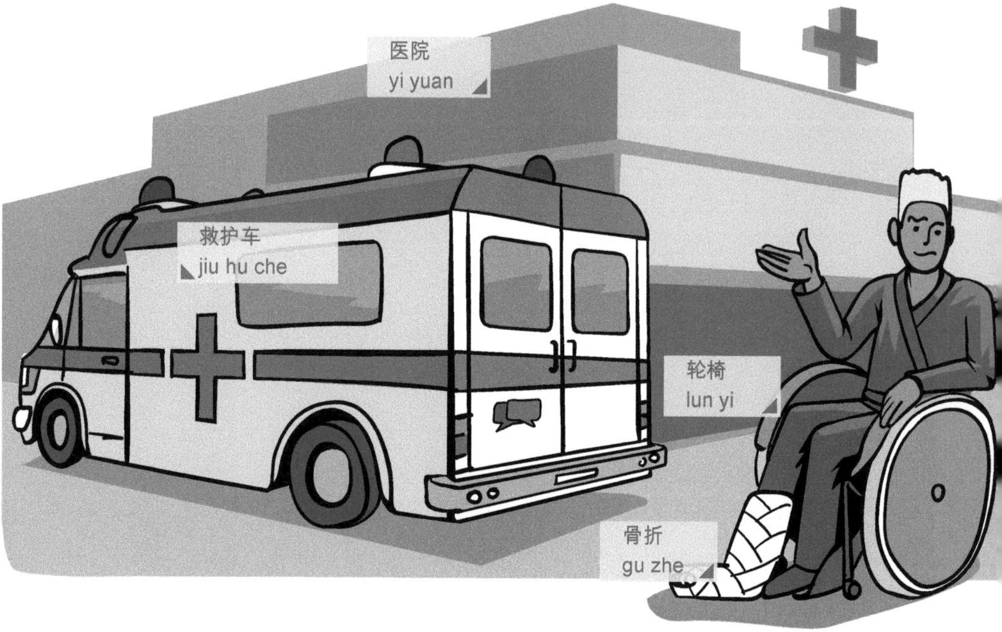

医院
yi yuan
救护车
jiu hu che
轮椅
lun yi
骨折
gu zhe

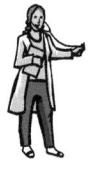

医生

yi sheng

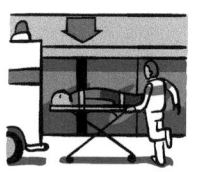

急诊室

ji zhen shi

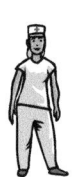

护士

hu shi

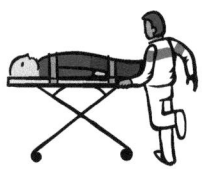

紧急情况

jin ji qing kuang

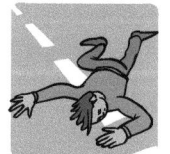

昏迷

hun mi

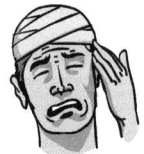

痛

tong

受伤

shou shang

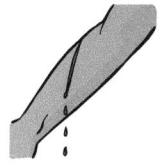

出血

chu xue

心脏病发作

xin zang bing fa zuo

中风

zhong feng

过敏

guo min

咳嗽

ke sou

发烧

fa shao

流感

liu gan

腹泻

fu xie

头痛

tou tong

癌症

ai zheng

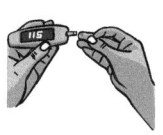

糖尿病

tang niao bing

外科医生

wai ke yi sheng

手术刀

shou shu dao

手术

shou shu

医院 - yi yuan

CT

CT

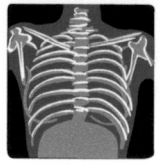

X光

X guang

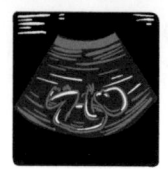

超声波

chao sheng bo

口罩

kou zhao

疾病

ji bing

候诊室

hou zhen shi

拐杖

guai zhang

石膏

shi gao

绷带

beng dai

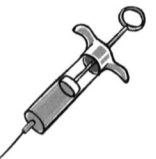

注射

zhu she

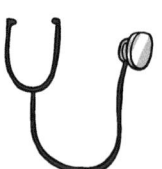

听诊器

ting zhen qi

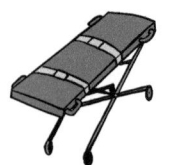

担架

dan jia

体温计

ti wen ji

出生

chu sheng

超重

chao zhong

助听器

zhu ting qi

消毒液

xiao du ye

感染

gan ran

病毒

bing du

艾滋病

ai zi bing

药物

yao wu

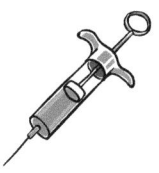

接种疫苗

jie zhong yi miao

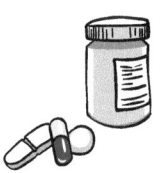

药片

yao pian

药丸

yao wan

急救电话

ji jiu dian hua

血压计

xue ya ji

生病/健康

sheng bing/jian kang

救命！

jiu ming!

警报

jing bao

突击

tu ji

攻击

gong ji

危险

wei xian

紧急出口

jin ji chu kou

着火啦！

zhao huo la!

灭火器

mie huo qi

意外

yi wai

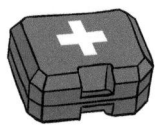

急救箱

ji jiu xiang

呼救信号

hu jiu xin hao

警察

jing cha

欧洲

ou zhou

北美洲

bei mei zhou

南美洲

nan mei zhou

非洲

fei zhou

亚洲

ya zhou

澳洲

ao zhou

大西洋

da xi yang

太平洋

tai ping yang

印度洋

yin du yang

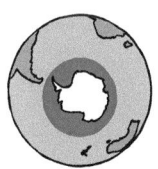

南冰洋

nan bing yang

北冰洋

bei bing yang

北极

bei ji

南极
nan ji

南极洲
nan ji zhou

地球
di qiu

陆地
lu di

海
hai

岛
dao

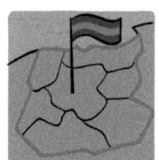

国家
guo jia

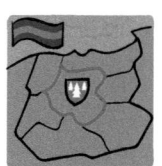

国家
guo jia

78   地球 - di qiu

钟面

zhong mian

时针

shi zhen

分针

fen zhen

秒针

miao zhen

现在几点？

xian zai ji dian?

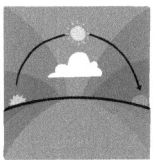

天

tian

时间

shi jian

现在

xian zai

电子表

dian zi biao

分

fen

时

shi

周
zhou

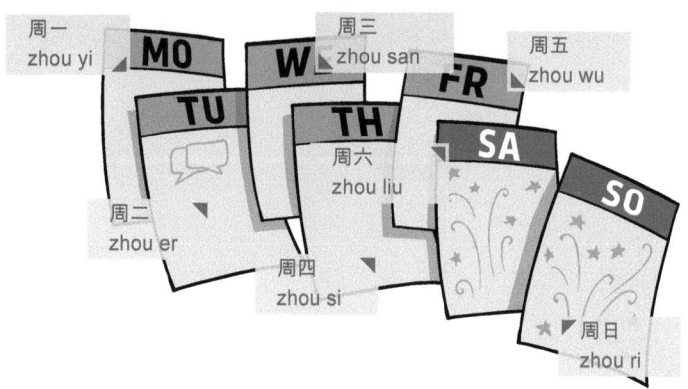

周一 zhou yi
周二 zhou er
周三 zhou san
周四 zhou si
周五 zhou wu
周六 zhou liu
周日 zhou ri

昨天

zuo tian

今天

jin tian

明天

ming tian

早晨

zao chen

中午

zhong wu

晚上

wan shang

工作日

gong zuo ri

周末

zhou mo

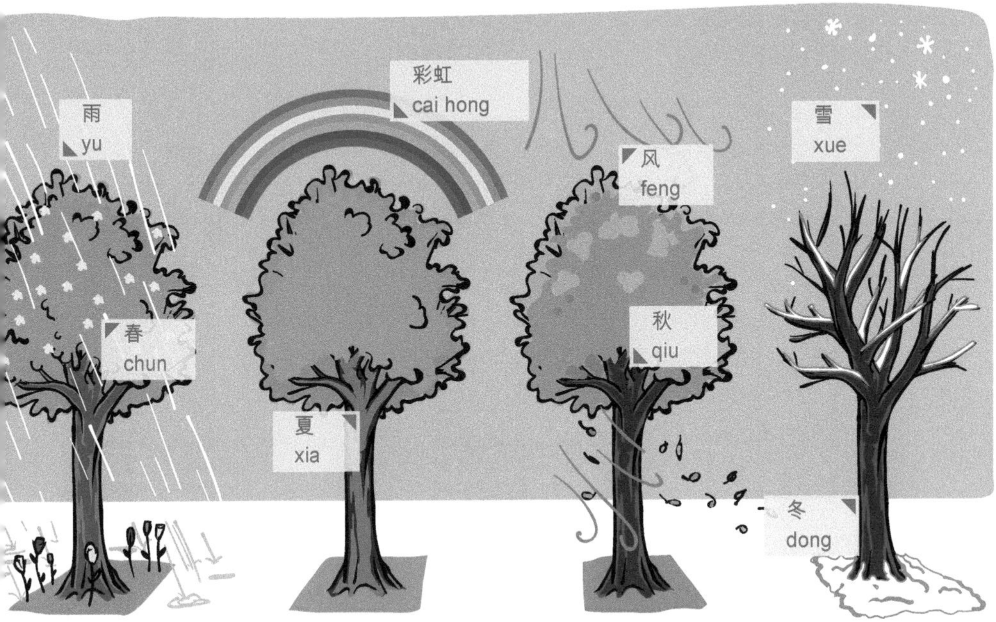

雨
yu

彩虹
cai hong

风
feng

雪
xue

春
chun

秋
qiu

夏
xia

冬
dong

天气预报

tian qi yu bao

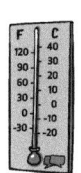

温度计

wen du ji

阳光

yang guang

云

yun

雾

wu

潮湿

chao shi

闪电

shan dian

打雷

da lei

风暴

feng bao

冰雹

bing bao

季风

ji feng

洪水

hong shui

冰

bing

一月

yi yue

二月

er yue

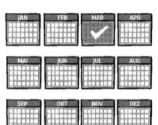

三月

san yue

四月

si yue

五月

wu yue

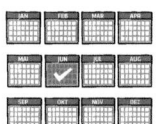

六月

liu yue

七月

qi yue

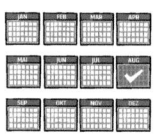

八月

ba yue

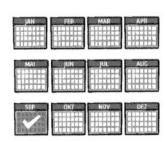

九月

jiu yue

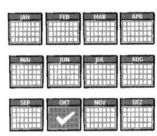

十月

shi yue

十一月

shi yi yue

十二月

shi er yue

形状

xing zhuang

圆形

yuan xing

正方形

zheng fang xing

长方形

chang fang xing

三角形

san jiao xing

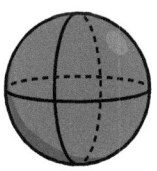

球体

qiu ti

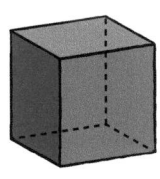

立方体

li fang ti

白

bai

黄

huang

橙

cheng

粉

fen

红

hong

紫

zi

蓝

lan

绿

lü

棕

zong

灰

hui

黑

hei

很多/少许

hen duo/shao xu

生气/平静

sheng qi/ping jing

美/丑

mei/chou

首/尾

shou/wei

大/小

da/xiao

明/暗

ming/an

兄弟/姐妹

xiong di/jie mei

干净/肮脏

gan jing/ang zang

完整/缺失

wan zheng/que shi

白天/晚上

bai tian/wan shang

死/生

si/sheng

宽/窄

kuan/zhai

可食用/非食用

ke shi yong/fei shi yong

邪恶/善良

xie e/shan liang

兴奋/无聊

xing fen/wu liao

胖/瘦

pang/shou

第一/最后

di yi/zui hou

朋友/敌人

peng you/di ren

满/空

man/kong

硬/软

ying/ruan

重/轻

zhong/qing

饿/渴

e/ke

生病/健康

sheng bing/jian kang

非法/合法

fei fa/he fa

聪明/愚笨

cong ming/yu ben

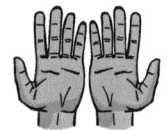

左/右

zuo/you

近/远

jin/yuan

新/旧

xin/jiu

没有/有些

mei you/you xie

老/幼

lao/you

开/关

kai/guan

打开/合上

da kai/he shang

安静/吵闹

an jing/chao nao

富/穷

fu/qiong

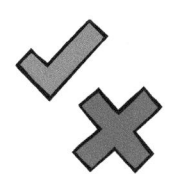

对/错

dui/cuo

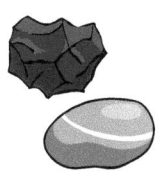

粗糙/光滑

cu cao/guang hua

伤心/高兴

shang xin/gao xing

短/长

duan/chang

慢/快

man/kuai

湿/干

shi/gan

温暖/凉爽

wen nuan/liang shuang

战争/和平

zhan zheng/he ping

0

零
ling

1

一
yi

2

二
er

3

三
san

4

四
si

5

五
wu

6

六
liu

7

七
qi

8

八
ba

9

九
jiu

10

十
shi

11

十一
shi yi

12

十二
shi er

13

十三
shi san

14

十四
shi si

15

十五
shi wu

16

十六
shi liu

17

十七
shi qi

18

十八
shi ba

19

十九
shi jiu

20

二十
er shi

100

百
bai

1.000

千
qian

1.000.000

百万
bai wan

英语

ying yu

美式英语

mei shi ying yu

普通话

pu tong hua

印地语

yin di yu

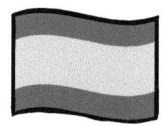

西班牙语

xi ban ya yu

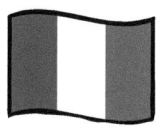

法语

fa yu

阿拉伯语

a la bo yu

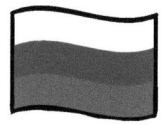

俄语

e yu

葡萄牙语

pu tao ya yu

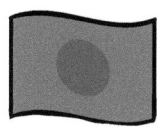

孟加拉语

feng jia la yu

德语

de yu

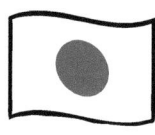

日语

ri yu

我

wo

你

ni

他/她/它

ta/ta/ta

我们

wo men

你们

ni men

他们

ta men

谁？

shei?

什么？

shen me?

怎样？

zen yang?

哪里？

na li?

什么时候？

shen me shi hou?

名字

ming zi

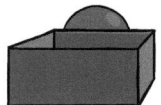

后面

hou mian

里面

li mian

前面

qian mian

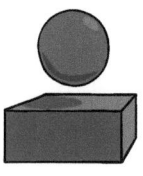

上方

shang fang

上面

shang mian

下面

xia mian

旁边

pang bian

中间

zhong jian

地点

di dian